I0107713

القاتِل الأشْقر

مهى شْحادي

The Blond Killer

Levantine Arabic Reader – Book 10
(Lebanese Arabic)
by Maha Shehadi

lingualism

© 2021 by Matthew Aldrich

Revised edition: 2025

The author's moral rights have been asserted. All rights reserved. No part of this document may be reproduced or transmitted in any form or by any means, electronic, mechanical, photocopying, recording, or otherwise, without prior written permission of the publisher.

ISBN: 978-1-949650-53-2

Written by Maha Shehadi

Edited by Ahmed Younis and Matthew Aldrich

Cover art by Duc-Minh Vu

Audio by Maha Shehadi

website: www.lingualism.com

email: contact@lingualism.com

Introduction

The **Levantine Arabic Readers** series aims to provide learners with much-needed exposure to authentic language. The books in the series are at a similar level (B1-B2) and can be read in any order. The stories are a fun and flexible tool for building vocabulary, improving language skills, and developing overall fluency. **This book is specifically Lebanese Arabic.**

The main text is presented on even-numbered pages with tashkeel (diacritics) to aid in reading, while parallel English translations on odd-numbered pages are there to help you better understand new words and idioms. A second version of the text is given at the back of the book, without the distraction of tashkeel and translations, for those who are up to the challenge.

New to this edition: the English translations have been revised for improved clarity and accuracy. Each story now also includes **20 comprehension questions** with example answers to help reinforce your understanding of the text. A **sequencing exercise** is provided as well, where you'll put ten key events from the story back in their correct order. These additions make the book even more useful for self-study, classroom use, or group discussions.

Visit www.lingualism.com/audio, to stream or download the free accompanying audio.

This book is also available in Modern Standard Arabic at www.lingualism.com/msar.

القاتِل الأشْقر

"١١٢ طوارئ. مين معي؟ حدِّد مكانك."

"كيس... أسْوَد... إيد... كيس... بِالنّهر... بَيْروت... أنا بِبيروت..."

وانْقطع الخطّ.

نهِر بَيْروت... بِالزّمانات كان إسْمو نهِر ماغوراس، مِن نبْع العِرْعار ونبْع حمّانا للْبحِر. شو في هالمرّة بِنهِر بَيْروت؟ بَيْروت مْعوْدِة ع المشاكِل، قليل كْتير لتْكون بفترْةْ سلام مع حالا ومع اللي حْوالَيا. بيْروت الحُبّ، كِلّ يوْم بْتِنْجرِح، وكِلّ مرّة بيكون جِرْحا أكْبر مِن اللي قبْلو، بسّ بيْروت بْتسامِح وبْتنْسى. مِتل الإمّ قلْبا علَيْنا. بَيْروت بتْجوع لتْطّعْمينا، بَيْروت بْتُبْرُد لتْدفّينا. بيْروت كْبيرِة، بسّ نِحْنا مِش قدّ القيمِة.

❖ ❖ ❖

مِن بعِد هالاتِّصال الغريب، قرّرت فِرْقة مِن قَوى الأمْن الدّاخِلي تِنْزل تْشوف شو القِصّة بِنهِر بَيْروت. عالم مِجْتِمْعة حول كْياس سَوْدا، قرْفانِة، خَيْفانِة، مصْدومِة. عبالُن يعِرْفوا شو في بْقلِب الكْياس، بسّ ما حدا عِنْدو الجُرْأة يْقرِّب أكْتر ويِفْتح شي كيس.

"أهْلا بِالوَطن[1]!" قال زلمِة كْبير شْوَيّ بالعُمْر.

The Blond Killer

"112 emergency. Who is this? Please give your location."

"Bag... black... hand... bag... in the river... Beirut... I'm in Beirut..." And the line cut off.

The Beirut River... It used to be called the River Magoras, from the Arz Arar spring and the Hammana spring down to the sea. What is it this time in the Beirut River? Beirut is used to trouble—it's rare for it to be at peace with itself or with those around it. Beirut, the city of love, gets wounded every day, and each time, the wound is deeper than the one before. But Beirut forgives and forgets. Like a mother, her heart full of love for us. Beirut goes hungry to feed us. Beirut shivers from cold to warm us. Beirut is grand—but we're not worthy of her greatness.

❖   ❖   ❖

After that strange call, a unit from the Internal Security Forces decided to head out and see what was going on at the Beirut River. A crowd had gathered around black bags—disgusted, afraid, shocked. Everyone wanted to know what was inside the bags, but no one had the courage to get closer and open one.

"Welcome, officers!" said a somewhat elderly man.

---

[1] وَطَن literally means 'homeland,' but in Lebanon, people call military officers وَطَن as a form of respect.

"إنْت اللي دقّيْت للطّوارِئ؟" ردّ الدّركي.

"لأ مِش أنا. تْفضّل سيدْنا. في كذا كيس مكْبوبين هون بِالنّهر. ما عْرِفْنا إلّا لمّا بلّشِت تْطوف الميّ علَيْنا عَ البِيوت إنّو في شي سادِد مجْرى النّهر. نْزِلْنا نْشوف شو القُصّة فلقَيْنا هالِكْياس."

"مين أوّل واحد نزِل؟"

"أنا. مِن بعْدا عيّطِت للْجيران. بسّ ما حدا مِسْترْجي يْقرِّب. ريحِةْ الِكْياس مِقرْفِة. كإنّا ريحِةْ دمّ، لحْم مْعفّن، شي حيوان مقْتول ومزْتوت."

قرّب الدّركي صوْب الِكْياس. رفع أوّل كيس، بيّنت مِن تحْت الكيس الأوّل إيد. كان واضِح إنّا إيد زلمة. الله يُسْترُ! شو صايِر؟ طلب الدّركي مْن العالم يِبْعْدوا. هوْن بلّشِت الفِرْقة كِلّا تْفتِّش. فتحوا الِكْياس كِلُّن، فِيُن قُطع.

لأ مِش قُطع كيْك مْعفّن، ولا قُطع سِيّارات. فِيُن قُطع لإنْسان. إنْسان مقْتول ومْقطّع. ولأ مِش مْبارِح أوْ اليوْم اِنْقتل. الدّركي كان أكيد إنّو إلو أكْتر مِن أُسْبوع بِالنّهر. بعْدو الدّركي مِحْتار بدّو يَعْرِف مين اللي دقّ للطّوارِئ، بسّ قِدّام بشاعِةْ الجريمِة والمنْظر اللي مْرافِقا، ما بقى همّو يَعْرِف غيْر مين هالمُجْرِم السّفّاح اللي هالقدّ بلا ضمير وبلا إنْسانية لتوصل معو يِرْتِكِب هيْك جريمِة.

"Were you the one who called emergency?" the officer replied.

"No, not me. Please, sir. There are several bags dumped here in the river. We didn't realize anything was wrong until the water started flooding into our homes—it turned out something was blocking the river. We came down to check and found these bags."

"Who was the first one to come down?"

"I did. After that, I called the neighbors. But no one dared to get close. The smell coming from the bags is disgusting. It smells like blood, rotting meat—like a dead animal tossed aside."

The officer approached the bags. He lifted the first one, and beneath it, a hand appeared. It was clearly the hand of a man. God help us! What happened? The officer asked the crowd to step back. That's when the whole unit began searching. They opened all the bags—inside were body parts.

Not pieces of spoiled cake, and not car parts. These were human parts. A murdered and dismembered human. And no, he wasn't killed yesterday or today. The officer was sure the body had been in the river for over a week. The officer was still curious about who had made the emergency call, but faced with the horror of the crime and the gruesome scene, his only concern now was to find the monstrous killer who had no conscience or humanity to commit such a brutal act.

شو هالزّمن اللي وْصِلْنالو؟ صارِت الرّوح رْخيصة. كِنّا نْلوم أصْحاب التّارات بِبعْض المناطِق اللِّبْنانية ونْسمِّيْن مجرْمين. بسّ عَ القليلِة هِنِّ كانوا يِقتِلوا الشّخْص اللي قتل حدا مْن العَيْلِة. ما كانوا يِفْترِوا عَ حدا بِدون سبب. أمّا هلّأ، كِلّ يوْم مْنِسْمع بْجريمِة وكإنّا جزِء عادي مِن يَوْمِيّات اللِّبْناني وَلا كإنّو في وْلاد عم تِتْيَتّم وعِيَل عم تِتْشرّد.

❖ ❖ ❖

سامِر مُحقِّق نْظيف ونزيهْ ومعْروف إنّو ما بْيِقْبل رشاوى، كِرْمال هيْك ما حدا بيحِبّو. لإنّو ما بْياخُد مصاري مِش مِن حقّو وبيوَزِّعا عَ زُملائو. وما بْيِقْبل يْسكِّر قضية قبِل ما يُصْرُف كِلّ طاقْتو عْلَيْها ويوصل لنتيجِة. لهالسّبب، قرّر سامِر يِتْطوّع لَيِسْتِلِم القضية وطبْعاً الضّابِط قبِل.

لمّا كان شابّ، سامِر كان عم يُدْرُس بِكُلّيةْ الحقوق بِالجامْعة اللِّبْنانية بْبَيْروت. كان حِلْمو يْصير مُحامي. لمّا صار تالِت سِنِة، بيّ سامِر تْوَفّى وما بِقي حدا لَيْعيل إخْواتو ويِصْرِف عْلَيْن. كِرْمال هيْك سامِر ترك الجامْعة وتْخلّى عن حِلْمو لتِقْدر تْعيش العَيْلِة بِدون ما يِنْقصْن شي. ووَقْتا فات بِالدَّوْلِة وأخد عهِد عَ حالو ما يْقصِّر بِوَظيفْتو لإنّا كمان جزِء مِن تطْبيق القانون.

[3:52]

What kind of world are we living in now? Life has become cheap. We used to criticize those involved in vendettas in some Lebanese regions and call them criminals. But at least they only killed someone who had harmed their family. They didn't just target people for no reason. But nowadays, we hear about a new murder every day, as if it's a normal part of Lebanese daily life—completely ignoring the fact that children are being orphaned and families are being torn apart.

❖   ❖   ❖

Samer is a clean, honest investigator, known for never accepting bribes—which is exactly why nobody likes him. He doesn't take money that isn't his and shares what he earns fairly with his colleagues. He refuses to close a case until he has poured every bit of his energy into it and reached a conclusion. For that reason, Samer volunteered to take on the case—and of course, his superior agreed.

When he was younger, Samer was studying law at the Lebanese University in Beirut. His dream was to become a lawyer. But in his third year, Samer's father passed away, and there was no one left to support his siblings or provide for them. So Samer dropped out of university and gave up on his dream so his family could survive without lacking anything. That's when he joined the government and made a vow to never slack off in his job, since it too was a part of upholding the law.

❖ ❖ ❖

"لِيْش ما بلّغْتي عن زَوْجك إنّو مفقود؟" سأل سامِر رنا، زَوْجِةْ الضّحية.

"كنّا مِتْخانْقين وفلّ مْن البيْت وما بقى رِجِع."

"ما جرّبْتي تِتّْصْلي فيه بسّ لتعرِفْي وَيْنو؟"

"فكّرْتو راح لعِنْد أهْلو."

"إلو ١٠ أيّام عِنْد أهْلو وَلا دقّيْتي وَلا هُوِّ دقِّلّك؟"

"قِلْتِلّك تْخانقْنا وضربْني وفلّ مِن بعْدا."

"وإبْنِك ويْن كان بْهالوَقِت؟"

"إجا خيّي أخدو لعِنْد أهْلي."

"شو هالصُّدْفةِ؟!"

شي طبيعي تْكون الشُّكوك الأولى عم تْدور حَوْل الزَّوْجِة. كيف يَعْني اخْتفى كِلّ هالأيّام وما دقّلا وَلا دقّتْلو وَلا حتّى حدا مِن أهْلو دقّ؟ غريب!

قرّر سامِر يِسْتجْوِب الجيران وأصْدِقاء الضّحية المُقرّبين. كِلّ الجيران كان عِنْدُن نفْس الجّواب:

"الضّحية وزَوْجْتو تْخانقوا مِن كذا يوْم." الكِلّ سِمِع أصْواتُن. وفلّ الزّوْج مْن البيْت وما بقى حدا شافو.

[5:50]

❖ ❖ ❖

"Why didn't you report your husband as missing?" Samer asked Rana, the victim's wife.

"We had a fight and he left the house. He never came back."

"You didn't try to call him? Just to know where he was?"

"I thought he went to his parents' place."

"He's been at his parents' place for ten days and you didn't call? And he didn't call you either?"

"I told you, we fought. He hit me and then left."

"And your son? Where was he during this time?"

"My brother came and took him to my parents' place."

"What a coincidence!"

Naturally, the first suspicions were directed at the wife. How could he disappear for all those days, and she neither called him nor heard from him? And no one from his family called either? Strange!

Samer decided to question the neighbors and the victim's close friends. All the neighbors gave the same answer:

"The victim and his wife had a fight a few days ago." Everyone had heard them arguing. The husband left the house and no one saw him after that.

أمّا رِفقاةْ القتيل القْراب، ما حدا فِنُ بْيَعْرف شو صايِر. حسّان ومرْوان وزِياد مِن أكْتر مِن أُسْبوعيْن مِش شايْفين رفيقْن. حسّان كان مْسافِر. مرْوان مشْغول بِوْلادو المريضين. وزِياد خلّفِت مرْتو بعِد ما اخْتفى رفيقو بْيوْم. وتْنَيْناتْن. مرْوان وزِياد زعْلانين مْن القتيل لإنّو ما سأل عنُّن كِلّ هالفترْة.

❖ ❖ ❖

رجِع سامِر عالبيْت، مِش قادِر يْنام. في شي مِش مزْبوط. في شي غامِض مِش معْروف. في أدِلِّة ناقْصة. حدث حالو سامِر:

"طيِّب، لنْقول إنّو رنا هِيِّ المجِرْمة، فا أكيد منّا لحالا! مُسْتحيل تْكون قِدْرِت تِقْتُل زَوْجا وتْقطّعو كمان بِدون مُساعدِة. بسّ الشّي اللي مْساعِد رنا هُوِّ شْهادةْ الجيران إنّو الضّحية ضهر عايِش مْن البيْت. قَوْلك يا سامِر أَيْمتى لحّقِت تِقِتْلو؟ وتْقطّعو وترْميه بِالنّهر؟! مُسْتحيل صحّ؟ أَوْ كانوا قالو الجيران إنُّن شافوها ضهرِت مِن بعْدو. ركِّز يا سامِر! طيِّب والوَلد شو كان عم يَعْمِل عِنْد بيْت جِدّو بِهالوَقِت؟ شو هالصُّدْ... إفّ، مين عم يْدِقِّلّي بْنُصّ اللّيْل؟"

"ألوْ؟"

"ألوْ؟ المُحقِّق سامِر؟"

[7:11]

As for the victim's close friends, none of them knew what had happened. Hassan, Marwan, and Ziyad hadn't seen him in over two weeks. Hassan had been out of town. Marwan was busy with his sick children. Ziyad's wife gave birth the day after their friend disappeared—twins. Both Marwan and Ziyad were upset with the victim for not checking in on them all that time.

❖ ❖ ❖

Samer went home, unable to sleep. Something wasn't right. Something unknown, something missing. The evidence didn't add up. Samer thought to himself:

"Okay, let's say Rana is the killer—there's no way she did it alone! It's impossible that she could've killed her husband and chopped him up without help. But what's helping Rana is the neighbors' testimony that the victim left the house alive. So Samer, when would she have had the time to kill him, dismember him, and dump him in the river?! Impossible, right? Unless the neighbors had seen her leave after him. Focus, Samer! And what was the kid doing at his grandfather's house during that time? What a coinci—Ugh, who's calling me in the middle of the night?"

"Hello?"

"Hello? Detective Samer?"

"نعم، مين معي؟"

"معك رامي، صديق المرْحوم."

"تْفضّل إسْتاذ. كيف فيني ساعْدك؟"

"ما بعْرِف إذا عْرِفْتو المِجْرِم أَوْ بعْد، بسّ أنا لازِم قلّك شي."

"تْفْضّل، عم إسْمعك."

"بدّي إحْكيك عن عِماد خيّا لرنا. آخِر فترْة قبِل ما ينْقِتِل صديقي حبيب قلْبي، كان عِماد كِلّ يوْم عم يِجي لعِنْد رنا. أنا كِنْت شوفو وصديقي كان يْخبرّْني إنّو بْتُمْرُق أيّام كْتير بيقضّي كِلّ النّهار عنْدُن بِحِجِّةْ إبِن إخْتو وبيحِبّو. بسّ بعْديْن القُصّة زادِت عن حدّا وصِرِت كِلّ ما دِقّ لرنا يْكون خطّا مشْغول مع خيّا! ما بعْرف شو كانوا عم يْخطّطوا بسّ الأكيد إنّو خُطّتْن نِجْحِت. هَيْدا غيرْ المشاكِل اللي كانِت عم تْصير بيْن رنا وزَوْجا. قالّي رفيقي كذا مرّة عن طلب رنا للطّلاق. كِترْت المشاكِل والهْموم وكانِت عم تِسْعى بِكِلّ قُدْراتا لتِجْبرُ رفيقي يْطلّقا بسّ هُوِّ ما كان عم يِقْبل. فكّرِت كْتير إنّا تُهْرُب وتاخُد الوَلد بسّ ما معا مصاري كْفايِة. ما بعْرِف... بِتْمنّى يْكون حكْيي مُفيد بْشي طريقة. بِترْجّاك اِعْمل كِلّ شي لتعْرِف القاتِل اللي حرمْني مِن صديقي." وبِكي.

"أوْكيْ تمام. أيّ شي جْديد بْتِتْذكّروا دقِّلّي شو ما كان الوَقِت."

[9:05]

"Yes, who's speaking?"

"This is Ramy, the deceased's friend."

"Go ahead, sir. How can I help you?"

"I don't know if you've identified the killer yet, but I need to tell you something."

"Go ahead, I'm listening."

"I want to talk to you about Imad—Rana's brother. In the period leading up to my dear friend's murder, Imad was visiting Rana every single day. I saw him, and my friend would tell me that Imad would spend the whole day at their place under the excuse that he loved his nephew. But later, it started getting out of hand. Every time I called Rana, her line was busy—with her brother! I don't know what they were planning, but one thing's for sure: their plan worked. On top of that, there were already problems between Rana and her husband. My friend told me many times about how Rana kept asking for a divorce. The fights were getting worse, and she was doing everything she could to force him to divorce her, but he wouldn't agree. She thought about running away and taking the kid, but she didn't have enough money. I don't know... I hope what I'm saying helps somehow. I beg you—do everything you can to find the killer who took my friend from me." And he cried.

"Okay, great. If you remember anything else, call me—no matter what time it is."

"شُكْراً كْتير لإنّك سْمِعْتِلّي، تِصْبح عَ خير حضْرةِ المُحقِّق."

"وإنْتَ بْخير رامي."

هالاتِّصال كان كافي لتْزيد الشُّكوك حَوْل رنا. هوْن، بلّشِت الأُمور توضح قِدّام عْيون المُحقِّق. رنا عِنْدا الدّافع (قتل مُقابِل تاخُد مصاري وتْهْرُب) وعِنْدا الفُرْصة (وْجودا هِيِّ والزّوْج وَحْدُن بِالبيْت) وما عِنْدا حجِّةْ غِياب. وبْنفْس الوَقِت، بلّش المُحقِّق يْشكّ بِخيّ رنا. مِتِل ما كان عم يْقول قبِل، رنا مُسْتحيل تِقْدر تِرْتِكِب الجريمِة لحالا، عَ القليلِة بدّا حدا يْساعِدا بْنقِل الكْياس. أكيد الأخّ إلو إيد بِالمَوْضوع.

❖ ❖ ❖

"كم مرّة قِلْتِلِّك ما تِغْلي القهْوِة كْتير؟ بْتعرْفيني بْحِبّ القشْوِة تبْقى عَ الوِجّ." قال سامِر لإخْتو.

"العالم بيقولوا صباح الخيْر بسّ يْفيقوا. مِش بينكّدوا عَ القهْوِة. اُشْكُر ربّك بعِد فيك عم تِشْتِري قهْوِة، غَيْرك بيحِبّا ومِش قادِر حتّى يْشِمّ ريحِتْها."

"صباح الخيْر هَيْدي مِنْقولا بسّ نْفيق بِسْويسْرا عَ زقْزقةْ العصافير أوْ بِالمالْديفْز لمّا نْفيق عَ صوْت الموْج الهادي، مِش بسّ نْفيق بِبَيْروت عَ صوْت الدِّكّنْجي عم يِتْخانق مع الخُضرْجي."

[11:01]

"Thank you so much for listening to me. Good night, detective."

"Good night, Ramy."

That call was enough to increase Samer's suspicions about Rana. At that moment, things started becoming clearer in the detective's mind. Rana had a motive (kill to take the money and escape), the opportunity (she and her husband were alone at home), and no alibi. At the same time, the detective began to suspect Rana's brother. As he had already thought, there was no way Rana could have committed the crime on her own—at the very least, she needed someone to help her transport the bags. Her brother was definitely involved.

❖   ❖   ❖

"How many times have I told you not to overheat the coffee? You know I like the foam to stay on top," Samer said to his sister.

"Most people say 'good morning' when they wake up. You just complain about your coffee. Be thankful you can still buy coffee—others love it and can't even afford to smell it."

"'Good morning' is something you say when you wake up in Switzerland to the chirping of birds—or in the Maldives, waking up to the sound of calm waves. Not when you wake up in Beirut to the grocer yelling at the vegetable vendor."

"والله يا خيّي، بَيْروت بْتِسْوى المالْديف ومين فِيا، وأحْلى مْن سْويسْرا وعصافيرا. بسّ نِحْنا ما مْنعْرِف قيمِةْ بَيْروت يا سامِر. مِتِل ما إنّا ما عْرِفْنا قيمِةْ الماما لحدّ ما بطّلْنا نِسْمع صَوْتا بِالبيْت، كمان مِش حنعْرِف قيمِةْ بَيْروت إلّا لنْفِلّ مِنّا."

"شو بدِّك بْهالحكي هلّأ يا إخْتي. أنا بدّي إمْشي، لفِّيْتيلي عْروسِةْ زعْتر وزيْت لآخِدا معي عَ الشِّغِل؟"

"لفِّيْتِلّك بدل العْروسِة تْنيْن، ومعْن عْروسِةْ لبْنِة كمان."

"يِسلِّم إيدَيْكي يا أحْلى إخِت بِالدِّنْيا!"

"مْوَفّق يا خيّي، اِنْتبِهْ عَ حالك."

وِصِل سامِر عَ المكْتب وراسو مِش رايِق.

"بدّي تاريخ الاتِّصالات اللي صارِت عَ تِلِفوْن رنا مع خيّا عِماد... بْأسْرع وَقِت." أمر سامِر العُنْصُر المُساعِد.

"أمْرك سيدْنا. أيّ خِدْمِة تانْيِة؟"

"عِماد. بدّي عِماد خيّ رنا... اليوْم... بِغُرْفِةْ التّحْقيق."

[12:48]

"Honestly, my brother, Beirut is worth the Maldives and everyone in it. It's better than Switzerland and its birds. But we don't know the value of Beirut, just like we didn't know Mom's worth until we stopped hearing her voice in the house. We won't appreciate Beirut until we have to leave it too."

"Why are you bringing all this up now, sis? I've got to go. Can you make me a za'atar and olive oil wrap to take to work?"

"I made you two wraps instead of one—and one with labneh, too."

"Bless your hands, best sister in the world!"

"Good luck, brother. Take care of yourself."

Samer arrived at the office, his mind unsettled.

"I want the call history between Rana and her brother Imad... as soon as possible," Samer instructed his assistant.

"At your service, sir. Anything else?"

"Imad. I want Rana's brother Imad... today... in the interrogation room."

❖ ❖ ❖

"وين كِنْت ليْلِة الجريمةِ؟"

"بِالبيْت... بِالبيْت... " بكي عِماد.

"ليْش أخدِت إبِن إخْتك معك؟"

"هِيِّ اتّصلِت وقالِتْلي مِتْخانْقة مع زَوْجا، إجي آخُد الوَلد لَ ما[1] يِسْمع المشْكل."

"قصْدك لَ ما يْشوف الجِريمةِ البِشْعة اللي ارْتكبْتا إنْتَ وإخْتك."

"سيدْنا، وحْياتك كِنْت بِالبيْت."

"شو هالصُدْفةِ؟ ليْلِة اللي انْقتل صُهْرك كِنْت إنْتَ آخِد إبْنو لعِنْد أهْلك وإنْتَ عارِف إنّو أهْلك مِش بِالبيْت. كانو عِنْد إخْتك، صحّ؟"

"صحّ..."

"يَعْني حجِّةْ غْيابك هَيْدي مِش مَوْثوقة وَلا صالْحة وَلا حدا مِن أهْلك فيه يِدْعما... كِذِب."

"سيدْنا، مِش عم كذِّب. كِنْت أنا والصّبي بِالبيْت."

"إخْتك كانِت عم تْخطِّط تْهْرُب وتاخُد إبْنا؟"

[14:04]

❖ ❖ ❖

"Where were you the night of the murder?"

"At home… at home…" Imad cried.

"Why did you take your nephew with you?"

"She called me and said she was fighting with her husband. She told me to come get the boy so he wouldn't hear the argument."

"You mean so he wouldn't witness the horrific crime you and your sister committed."

"Sir, I swear to you—I was at home."

"What a coincidence. On the night your brother-in-law was murdered, you just happened to take his son to your parents' place—even though you knew your parents weren't home. They were at your sister's place, right?"

"Right…"

"So your alibi doesn't hold up. No one in your family can back it up… It's a lie."

"Sir, I'm not lying. I was at home with the boy."

"Was your sister planning to run away and take her son with her?"

---

[1] ﻣﺎ ﻟَ is the particle ﻟَ (which is usually prefixed to the following verb, but we've written separately here to avoid ambiguity with the word ﻟَﻤّﺎ 'when.') 'in order to,' here followed by the negative particle ﻣﺎ to mean 'in order not to,' or 'so as not to.'

"نعم. إخْتي بدّا تِتْطلّق بسّ زَوْجا ما كان يِقْبل. حتّى نِحْنا كأهْلا مِش قبْلانين."

"ليْش؟ إنْتو شو دخلْكُن؟"

"ما دخلْنا، بسّ زَوْجا بيحِبّا وعم يِسْعى يْحافِظ عَ البيْت. بيْنما هِيِّ... هِيِّ..."

"هِيِّ شو؟! جاوِب! هِيِّ شو؟!"

"هِيِّ بِتْحِبّ حدا تاني."

نْصدم سامِر. هالخبْرية رجّعِت ذِكْرَيات كْتير بِشْعة بِعقْلو. حسّ مِتِل حدا شكّو سِكّينِة بِقلْبو. ضربِت جُمْلِةْ عِماد عَ وَجع سامِر بِالضّبِط.

❖ ❖ ❖

كانوا بِالجامْعة، هُوِّ طَويل كْتير وهِيِّ قصيرِة. شعْرو أشْقر وشعْرا أسْوَد مِتْل اللّيْل. عْيونو سود وعْيونا خُضُر. شفافا ملْيانين حُبّ وسمارا قِدِر يْسْحُر نُصّ شباب الجامْعة. سامِر حبّا كْتير، ويارا حبِّتو كمان. مِتْل طْيور الحُبّ كِلّ يوْم يِجوا سَوا عَ الجامْعة، يْقعْدوا سَوا، ياكْلوا ويِشْربوا ويِتْمشّوا مع بعض. الكِلّ كان أكيد إنُّن حَيِتْزوّجوا. وفِعْلاً هَيْدا اللي كان حَيْصير لَوْ ما نْفصلوا.

[15:10]

"Yes. My sister wanted to get a divorce, but her husband wouldn't agree. Even we, her family, didn't support it."

"Why? What business is it of yours?"

"It's not our business, but her husband loved her and was trying to keep the family together. While she... she..."

"She what?! Answer me! She what?!"

"She's in love with someone else."

Samer was stunned. That statement triggered painful memories in his mind. He felt like someone had stabbed a knife straight into his heart. Imad's words hit Samer right in an old wound.

❖ ❖ ❖

It was during university. He was very tall, and she was short. His hair was blond, hers black as night. His eyes were dark, hers green. Her lips were full of love, and her beauty had enchanted half the guys on campus. Samer loved her deeply—and Yara loved him too. Like lovebirds, they came to campus together every day, sat together, ate, drank, walked together. Everyone was sure they would get married. And that's exactly what would've happened... if they hadn't been torn apart.

سامِر ترك الجامْعة وفات بِالأمْن الدّاخْلي لَيْساعِد أهْلو. ويارا تْخرّجِت وصارِت مُحامية قَوية كْتير. بِقْيوا سَوا لحدّ ما فات القاضي بَيْناتُن. يارا خانِت سامِر.

يارا ما قِدْرِت تِتْقبّل سامِر بِدون شْهادِة مْن الجامْعة، وَلا قِدْرِت تِتْقبّل يْكون معا مصاري أكْتر مِن سامِر. سامِر كان قادِر يْضهِّرا مِشْوار واحد بِالشّهِر، بسّ القاضي كان يْضهِّرا كِلّ يوْم. يارا تركِت سامِر مجْروح، مكْسور، مْحطّم، ومْضايَق كْتير. كِلّ مشاعِر العالم البِشْعة والمؤْذية جْتمعِت بِقلِب سامِر.

"يارا، بطِّلْتي تْحِبّيني؟"

"بحِبّك، بسّ بْحِبّ تْكون جَيْبتي مِرْتاحة [1] أكْتر."

هَيْدي الجُمْلِة صداها بعْدو عم يْرِنّ عَ سمع سامِر. مُسْتحيل يِنْسى يارا، مُسْتحيل يِنْسى ليْش فلِّت يارا.

❖ ❖ ❖

"بْتعْرِف مين إخْتك بِتْحِبّ؟"

"لأ. ما بعْرِف إلّا إنّا بْتْحِبّ حدا غيْر زَوْجا."

[16:42]

Samer had dropped out of university and joined the Internal Security Forces to support his family. Yara graduated and became a powerful lawyer. They stayed together—until a judge came between them. Yara betrayed Samer.

Yara couldn't accept Samer without a university degree, and she couldn't accept that he had less money than she did. Samer could only afford to take her out once a month, while the judge took her out every day. Yara left Samer heartbroken, shattered, crushed, and deeply hurt. Every painful, destructive emotion in the world gathered in Samer's heart.

"Yara, do you not love me anymore?"

"I love you—but I love having a comfortable wallet more."

That sentence still echoed in Samer's ears. He could never forget Yara. Never forget why she left.

❖ ❖ ❖

"Do you know who your sister's in love with?"

"No. All I know is that she's in love with someone who isn't her husband."

---

[1] literally 'comfortable,' when referring to a pocket, it means that your wallet is full, that you have plenty of money.

"سِجِلّ اِتِّصالات إخْتك بيقول إنُّكُن آخِر فترْة كِنْتوا كْتير عم تِتْواصلوا مع بعِض. شو تِفْسيرك؟"

"صحيح، عيد ميلاد زَوْجا كان بعِد كم يوْم، فا قْترحْت عْلَيا نعْمِلّو مُفاجْأة عَ أمل تِصْلح العلاقة معو."

"وهِيِّ شو كان رأْيا؟"

"وافقِت."

"وافقِت مع إنّا ما بْتْحِبّه وفي مشاكِل بَيْناتُن. ليْش قَوْلك؟"

ما جاوَب. طبْعاً لإنّو ما عِنْدو القُدُرات التّحْليلية تبع المُحقِّق.

فكّر سامِر كْتير، وهوْن بلّش يِتْأكّد إنّو رنا هِيِّ المجِرْمِة. بسّ إذا مِش خيّا اللي ساعدا، مين ساعدا؟

أصْدر النّايِب العامّ مذكّرِةْ تِفْتيش لبيْت رنا وهوْن كان راس الخيْط[1]. سامِر إجى وأشْرف بِنفْسو عَ عملية التِّفْتيش. لقوا سْلاح الجريمِة. أَوْ بِالأحْرى سْلاحين، حبْلِة طَويلِة وعريضة وسِكّينِة عْلَيا دمّ. ما كان القِصّة بدّا تحْليل أكْتر. ألْقوا القبِض على رنا وأخدوا أسْلِحِةْ الجريمِة عَ المُخْتبر لتِنْفِحِص البصمات. مِش رنا. مِش عِماد. البصمات كانِت لشخِص تالِت بعْدو مجْهول.

[18:08]

"Your sister's call records show that you two were in frequent contact lately. How do you explain that?"

"That's true. Her husband's birthday was coming up, so I suggested we throw him a surprise party, hoping it might help repair their relationship."

"And what did she say?"

"She agreed."

"She agreed—even though she didn't love him and they were having problems. Why do you think that is?"

He didn't answer. Of course, he didn't have the detective's analytical thinking.

Samer thought hard. At that point, he became almost certain that Rana was the murderer. But if her brother hadn't helped her... then who did?

The public prosecutor issued a search warrant for Rana's home—and that's where the first real lead came from. Samer arrived and personally oversaw the search. They found the murder weapons. Or rather, two weapons: a thick rope and a knife with blood on it. There was no need for more analysis. They arrested Rana and sent the weapons to the lab for fingerprint testing. But the prints weren't Rana's. And they weren't Imad's. They belonged to a third, unidentified person.

---

[1] راس الخيْط (lit. 'head of the thread') – You find the beginning of a thread and pull on it to reveal more and more evidence.

❖ ❖ ❖

"رنا، ما بقى تْعذّبيلي قلْبي أكْتر مِن هيْك. مع مين شْتركْتي بِالجريمةِ؟"

"مِش أنا... مِش أنا قتلْتو... قتْلو ما كان فِكرْتي..."

"فِكْرةْ مين لكان؟ اِحْكي."

"ما.. ما حدا."

"رنا، إنْتي وعم تْجرْبي تِنِقذي حالِك، وَرّطْتي عِماد معِك بْقُصِّةْ عيد الميلاد الكذّابِة تبعِك. رنا، مين تاني مِتْوَرِّط؟"

"ما حدا. مِش أنا!" بِكْيِت رنا.

"يا عسْكري..." صرخ سامِر "جِبْلي عِماد."

"لأ لأ، ما تعْمِلّو شي. هُوِّ ما دخلو."

"مين دخلو يا رنا؟ جاوْبي!" وعْيون سامِر مِتْل النّار.

"مِش رح إحْكي كِلْمِةْ زْيادةِ بلا مُحامي."

عصّب سامِر. أكيد مِش رح يُقْعُد يُنْطُر المحْكمِةِ تْوكِّل مُحامي لرنا. في مُجرِم طليق برّا عم يِتْجوّل بينْ النّاس، وسامِر أخد عَ عاتْقو يِلْقط هالمجْرِم ويُحْرُص عَ تقْديمو للقانون.

[19:49]

❖ ❖ ❖

"Rana, don't make this harder on me. Who helped you commit the murder?"

"It wasn't me… I didn't kill him… It wasn't my idea…"

"Then whose idea was it? Talk."

"N-no one's."

"Rana, in trying to save yourself, you dragged Imad into your fake birthday party story. Who else is involved?"

"No one. It wasn't me!" Rana cried.

"Guard!" Samer shouted. "Bring me Imad."

"No, no—don't hurt him. He had nothing to do with it."

"Then who was it, Rana? Answer me!" Samer's eyes burned like fire.

"I'm not saying another word without a lawyer."

Samer was furious. He wasn't going to sit around waiting for the court to assign her a lawyer. There was a murderer still on the loose, walking among people—and Samer had taken it upon himself to find that killer and make sure justice was served.

سامِر بدّو يعْرِف مين قِدِر يْفوت عَ بيْت الضّحية ويْحُطّ أسْلِحةْ الجريمةِ هونيك. جرّب يُرْبُط الأحْداث بِبعْضا مْن اليوْم الأوّل لليوْم. فكّر سامِر:

"رنا اليَوْم قالِت القتل مِش فِكْرتا، يَعْني في حدا تاني القتِل فِكِرْتو. رنا عم تْخون زَوْجا، يَعْني الاِحْتِمال الأكْبر إنّو القاتِل عشيقا طالما مِش خيّا. بسّ مين عشيقا يا سامِر؟ لنرْجع بِالزّمن لَوَرا، لأوّل يوْم بعِد ما لقَيْنا الجِثّة. تّصل فيني صديق الضّحية حتّى يْجرِّب يَعْطي شْهادْتو. شو كان إسْمو يا سامِر؟ ...

رامي! كان إسْمو رامي. بْيَعْرِف تفاصيل كْتير عن حَياةْ الزَّوْجين."

❖ ❖ ❖

قرّر سامِر يْروح عَ الحيّ اللي كان عايِش فيه القتيل.

صار يْدور بينْ نِسْوان الحيّ اللي كِلّ يوْم بْيَعْمْلوا صُبْحية وعصْرونية[1] بِبيْت وِحْدِة فِيُن. معْروفين النِّسْوان الِكْبار بْلِبْنان، مُجرّد ما يْصير عُمْر الوِحْدِة أكْتر مِن ٤٠، بِتْبلِّش توقف صُبْح وضُهْر وعشية عَ البرنْدا عم تْراقِب الرّايِح والجايْ. بْتِبْقى قاعْدِة بِالبيْت عم تِشْتِغِل، تُطْبُخ، تْكنِّس، تْشْطُف، تْدرِّس الوِلاد، مِش مُهِمّ! المُهِمّ إنّو إذا سِمْعِت نمْلِة عم تِطْلع عَ درج البِنايِة، بِتْقوم بْتوقف عَ النّاضور وبِتْراقِبا لَويْن بدّا تْروح.

[21:10]

Samer needed to figure out who had gotten into the victim's house and planted the murder weapons there. He started trying to connect all the dots, from day one until now. Samer thought:

"Today, Rana said the murder wasn't her idea. That means someone else came up with it. She was cheating on her husband, so the most likely killer is her lover—since it's not her brother. But who is her lover, Samer? Let's go back to the beginning, to the first day after we found the body. The victim's friend called me to give a statement. What was his name again, Samer?... Ramy! His name was Ramy. He knew a lot of details about the couple's life."

❖ ❖ ❖

Samer decided to visit the neighborhood where the victim used to live.

He started asking around among the women of the neighborhood—the ones who held morning and afternoon get-togethers at someone's house every day. Older Lebanese women are well known for this: once a woman hits 40, she starts standing out on the balcony morning, noon, and night, watching everyone who comes and goes. Whether she's cooking, cleaning, mopping, helping the kids with homework—it doesn't matter. What matters is, if she hears so much as an ant crawling up the stairwell, she gets up and watches it through her binoculars to see where it's going.

---

[1] Lebanese women living in the same building or neighborhood are well known for their daily 8 a.m. meetings at someone's house. Everyday, one of them volunteers to prepare Arabic coffee and ask her friends to gather at her place for what is called 'sobheye.' Then, in the afternoon, after these women finish their household chores or come back from their jobs, they gather again for coffee and cigarettes for what is called 'aasruneye.'

سامِر عِرِف حالو شو عِمِل. سأل عن الجارة اللي قاعْدِة بِوجّ بيْت رنا.

"مرْحبا سِتّ صباح، كيفِك اليوْم؟"

"أهْلا يا إبْني، بْخير نُشْكُر الله. إنْت كيفك؟"

"بسّ شِفْتِك صِرِت مْنيح."

"تِسْلم يا إبْني."

"سِتّ صباح، جايّ إسْألِك كم سُؤال عن جارْتِك رنا."

"تْفضّل يا ماما[1]."

هيْك النِّسْوان الِكْبار بْيِحْكوا بلِبْنان. عارْفين حالُن إمّياتْنا كلّنا، مْناخُد مِنُن الخِبْرة بِالحَياةْ والنصايِح والأمْثال الشّعْبية، والأكِل الطّيِّب كمان.

رنِّت كِلْمِة "يا ماما" عَ مسْمع سامِر، تْذكّر إمّو، حبيبْتو الأولى، حنانا، طيبِة قلْبا، أكْلا، ريحِةْ القهْوِة مِن تحِت إيدَيا وتْحسّر عَ هَيْديك الأيّام.

"سِتّْنا، بْتعِرْفي مين كان يْزور جارِك أكْتر شي؟"

"والله يا إبْني، هالزّلمِة كان يِرْجع مْأخّر مِن شِغْلو كِلّ يوْم، وما كان حدا يْزورو إلّا بِالعُطْلِة. السّبِت كانوا يْجوا أهْلو، والأحد يِضْهر هُوِّ وعَيْلْتو."

[23:15]

Samer knew exactly what to do. He asked around for the neighbor who lived across from Rana's apartment.

"Hello, Aunt Sabah, how are you today?"

"Hello, my son, I'm fine, thank God. And you?"

"Now that I've seen you, I'm good."

"Bless your heart, my son."

"Aunt Sabah, I came to ask you a few questions about your neighbor Rana."

"Go ahead, sweetheart."

That's how older women in Lebanon speak. They all know they're like mothers to everyone. They pass down life experience, advice, proverbs—and amazing food too.

The word "ya mama" ("sweetheart" or "my child") echoed in Samer's ears. He thought of his own mother—his first love, her warmth, her kind heart, her cooking, the smell of coffee from her hands—and he longed for those days again.

"Ma'am, do you know who used to visit your neighbor the most?"

"Well, son, that man used to come home late from work every day, and no one really visited him except on weekends. Saturdays, his family would come. Sundays, he'd go out with his wife and son."

---

[1] يا ماما (lit. mother) has a second meaning. It is used by mothers to address their children and also by elderly women to address younger people affectionately. Elderly men say يا بيّ.

"وَلا مرّة شِفْتي حدا غيرْ أهْلو عم يْدِقّ عَ الباب؟"

"مْبلى، كان في شخِص يِجي كِلّ يَوْميْن لمّا يْكون الصّبي بِالمدِرْسِة. كانِت تْقِلّي رنا إنّو هَيْدا خيّا بْيِجي بيطُلّ عْلَيا وعَ الوَلد لمّا يْكون مارِق مِن حدّ البيْت."

"كيف كان يِجي يْطُلّ عَ الولد إذا الوَلد بِالمدِرْسِة؟"

"ما بعْرف يا إمّي[1]، وَلا مرّة فكّرِت بِالمَوْضوع. كيف قهوْتك؟ سادة، حِلْوِة أوْ وَسط؟"

"شو مْبيِّنْلك عَ وِجّي يا إمّي؟ قهوْتي كيف؟"

"سادة مع إنّو وِجّك حِلو، وصوْتك إنْتَ وعم تْقول يا إمّي أحْلى."

"بْتعرِفي شكْلو لخيّا كيف؟"

"طَويل كْتير، أشْقراني عْيونو زرِق مِتِل الفيرْوز، وشْفافو لَوْنْن توتي مِن كِتْر التّدْخين. ضهْرو حاني، ومْبيِّن علْيه الهمّ آكلو مِن راسو لكعِب إجْرو. عنْدو حسّونِة عَ رقِبْتو. شو حسّونِة؟ عنْدو شي ١٠٠ حسّونِة، ما بْيِشْبهْ رنا أبداً، وإذا شِفْتو ما بْتْضيِّع."

هَيْدي مِش مواصفات عِماد. عِماد أشْقراني بسّ عْيونو بِنِّيات ومرْبوع[2] مِش كْتير طَويل.

[24:45]

"You never saw anyone else knock on their door?"

"Well actually, there was someone who came every other day when the boy was at school. Rana used to tell me it was her brother, stopping by to check on her and the kid when he was passing through the neighborhood."

"How was he checking on the kid if the kid was at school?"

"I don't know, dear. I never really thought about it. How do you take your coffee? Black, sweet, or medium?"

"What do you see on my face, dear? How do you think I like my coffee?"

"Black—even though you've got a sweet face. And your voice, when you say ya imi, is the sweetest."

"Do you remember what her 'brother' looked like?"

"Very tall, blondish, eyes as blue as turquoise, and lips stained deep red from smoking. His back was hunched, and he looked like the weight of the world was crushing him from head to toe. He had a birthmark on his neck. A birthmark? More like a hundred! He looks nothing like Rana, and if you saw him, you wouldn't forget."

That didn't match Imad's description. Imad was somewhat blond, but his eyes were brown, and he was average in height—not very tall.

---

[1] يا إمّي (lit. 'my mother') a polite form of address to an elderly woman.

[2] مرْبوع (lit. 'squared') medium-height, not very tall or particularly short.

❖ ❖ ❖

هون عِرِف سامِر شو لازِم يَعْمِل.

رِجِع عَ المكْتب، طلب سِجِلّ اِتِّصالات رنا مِن أوّل وجْديد، بسّ هالمرّة طلبو كامِل مِش مْحدّدَ عَ رقِم عِماد. لاحظ سامِر وُجود رقِم تاني كانِت رنا عم تِتْواصل معو كْتير. هالرّقِم مِش غريب عْليْه. سامِر حمل تِلِفونو عشان يِتْأكّد إذا شايِف الرّقِم. ما نْصدم، الرّقْم المِتْكرّر كْتير هُوِّ رقِم رامي، صديق الزّوْج... أوْ يمِكِن عشيق رنا!

❖ ❖ ❖

صار سامِر يِتْذكّر شو حكى رامي وَقِت دقِّلّو. نْتبهْ لتفْصيل ما كان شايْفو مِن قبِل. خبط سامِر عَ راسو وقال: "كيف فيك تْكون غبي هالقدّ؟ كيف قدِر يِضْحك عْليْك ويْخلّيك عم تِبْرُم بِأرْضك؟ لأ وبيقِلّك مِش عارِف إذا نْكمش المِجْرِم مع إنّو يمِكِن يْكون هُوِّ المِجْرِم!"

تْذكّر سامِر إنّو رامي بيْعْرِف كْتير تفاصيل عن حَياةْ رنا وزَوْجا، وإنّو قال إنّو كان كلّ ما يْدِقِّلّا يْلاقِيا عم تِحْكي مع خيّا. ليْش حدا بدّو يْدِق لمرتْ رفيقو هالقدّ؟ وقال إنّو كان يْشوف خيّا كِلّ ما يِجي يْزورُن، بسّ الجارة قالِت إنّو الزّوْج ما كان يِرْجع عَ البيْت إلّا لَوَقِت مْأخّر، ولحتّى تِقْدر تْوِصْفو بِهالطّريقة الدّقيقة، أكيد كانِت تْشوفو بِالنْهار.

[26:26]

❖   ❖   ❖

That's when Samer knew what he had to do.

He returned to the office and requested Rana's call history again—but this time, the full record, not just filtered by Imad's number. Samer noticed another number she'd been frequently contacting. It wasn't an unfamiliar number. Samer checked his own phone to confirm—and he wasn't surprised. The number that showed up most often was Ramy's, the victim's friend... or maybe Rana's lover!

❖   ❖   ❖

Samer began recalling what Ramy had told him during that late-night call. He noticed a detail he hadn't seen before. Samer slapped his own forehead and said, "How could you be this stupid? How did he fool you and have you running around in circles? And he even said he didn't know if the killer had been caught—when he might be the killer himself!"

Samer remembered that Ramy knew a lot of details about Rana and her husband's life. He also said that every time he called Rana, her line was busy with her 'brother.' But why would a man call his friend's wife that often? He also claimed he saw the brother during visits—but the neighbor had said the husband came home late every day. And for her to describe the man in such detail, she

وكمان وَقِت طلبْنا شْهادِةْ رِفْقاةْ القتيل، هُوِّ ما كان مَوْجود! رامي ما إجى، لَوْ إجى كانوا حَيَعِرْفوه الرِّفْقا الحقيقِيّين وكان نْفضح.

ما بقى في محلّ للشّكّ. سامِر مْأكّد إنّو إحْساسو بمِحلّو. رامي هُوِّ العشيق المِجْرِم بسّ بِحاجة لدليل يِدْعم هالإحْساس.

❖ ❖ ❖

"إنْتَ أكيد مِن طلبك يا سامِر؟"

"نعم حضْرِةْ النّايِب العامّ."

أصْدر النّايِب العامّ تِعْميم قال فيه عن توقيف التّحْقيق بِالجريمِة لمُدِّةْ يوْميْن مِن التّلاتا. رنا بريئة لحدّ هلّأ وقاعْدِة عِنْد أهْلا، والبحِث عن البصمات بِبيْت الضّحية حَيْكفّي يوْم الخميس. بِهاليوْميْن، حيرِتّاحوا المُحقِّقين ويِرْجعوا يْكفّوا الخميس. سامِر كان أكيد إنّو المُجْرِم مين ما كان، مْتابِع القضية بِحذافيرا. يَعْني رح يَعْرِف بِالتِّعْميم ورح يِتْحرّك بِهاليوْميْن لَيِمْحي بصماتو من بيْت الضّحية. ما قِبِل سامِر يِتْرُك المُراقبِة للعناصِر اللي تحِت إيدو. سامِر مْن النّوْع اللي ما بْيِحْكي، يَعْني ما بْيُطْلُب مِن العناصِر يِنْتِبْهوا عَ شي. بِالعكِس، بيفضِّل يْكون هُوِّ مَوْجود وهُوِّ يِنْتبِهْ، عَ قوْل المتل اللِّبْناني: "اِتْعُب حالك وَلا تِتْعُب لْسانك."[1]

must have seen him during the day. Plus, when they asked the victim's friends for statements, Ramy never showed up. If he had, the real friends would have recognized him—and exposed him.

There was no room for doubt. Samer was convinced his instincts were right. Ramy was the lover... the killer. But he still needed proof.

❖ ❖ ❖

"Are you sure of your request, Samer?"

"Yes, Mr. Prosecutor."

The prosecutor issued an internal memo suspending the investigation for two days, starting Tuesday. Rana was still officially innocent and staying with her family. The search for fingerprints at the victim's house would resume Thursday. During these two days, the detectives would rest and resume the case afterward. Samer was sure that whoever the killer was, he was following the case closely. That meant he'd hear about the memo and take action during those two days to erase his fingerprints from the scene. Samer refused to leave the surveillance to his team. He was the type who didn't talk much—he didn't tell his officers to keep an eye on anything. Instead, he preferred to be there himself and stay alert. As the Lebanese saying goes: "Exhaust your body, not your tongue."

---

[1] A common proverb that means that its better to do something yourself rather than ask someone else to do it. It is mostly used by mothers after they ask their daughters to do household chores but they don't comply. mothers say this and do the chores themselves.

ما أخد معو زُوّادِة كْبيرِة، كان عارِف إنّو المِجْرِم رح يِتْحرّك بْسِرْعة ومِش رح يُنْطُر يوْمين.

مع إنّو طالْعة عَ بالو كْتير، قرّر ما ياخُد سيجارة عشان ما حدا يِنْتِبِهْلو بِالعتْمِة.

❖ ❖ ❖

السّاعة ٢ الصُّبْح، ما في إلّا سامِر، ضوّ القمر بْنُصّ الشّهِر، وبْسَيْنِة بيْضا وسوْدا مْسطّحة عم تْنضِّف بِحالا عَ سِيّارة عَ جنْب الطّريق. لمح سامِر حدا طَويل ولمْعة بْتِشْبهْ ضوّ الشّمْس قطعِت مِن تحت لمْبِةْ الشّارِع.

عِرِف سامِر اللّمْعة المُميّزة، لمْعِةْ شقار. هَيْدا رامي! سامِر حسم بسّ لازِم يِلْقطو بِالجِرْم المشْهود.

طِلِع رامي عَ الدّرج، شْوَيّ شْوَيّ، درْجِة درْجِة، نْعجب سامِر بْخِفِّةْ إجِر رامي، ما طلّع وَلا صوْت هُوِّ وطالِع.

وُصِل رامي عَ باب بيْت عشيقْتو. كان معو مِفْتاح. بْكِلّ سُهولِة فتح الباب وقرّب لَيْفوت قبِل ما يْحِسّ بِحرارِة جِسِم إنْسان وَرا ضهْرو.

"كِنْت مْفكِّر كِلّ المِجرْمين أذْكِيا."

"مين... مين إنْتَ؟"

[30:22]

He didn't pack much food. He knew the killer would move quickly and wouldn't wait two days.

Even though he craved it, Samer decided not to take a cigarette—so no one would see its glow in the dark.

❖   ❖   ❖

At 2 a.m., the only ones awake were Samer, the full moon, and a black-and-white cat grooming itself next to a parked car. Samer spotted a tall figure. A gleam, like sunlight, flashed beneath a streetlamp. Samer recognized that signature shine—the gleam of blond hair. It was Ramy! Samer was sure, but he had to catch him red-handed.

Ramy climbed the stairs slowly, step by step. Samer was impressed by how light-footed he was—not a single sound.

Ramy reached his lover's door. He had a key. He unlocked the door effortlessly and stepped forward—just as he felt the heat of another body behind him.

"I thought all criminals were smart."

"Wh-who are you?"

"مِش قادِر أعْطي الفضِل بِحلّ الجريمةِ لحالي، لإنّو الواقع غيرْ هيْك. الفضِل كلِّو إلك."

"أنا مِش مجْرِم."

"مين قال إنّك مِجْرِم؟"

سكت رامي والعِيْون الخُضُر تْحوّلوا لحُمُر.

"ليْش يا رامي؟"

"أصْعب مشْهد عَيْنك بِتْشوفو، هُوِّ حُبّك مع حدا تاني."

[31:59]

"I can't take all the credit for solving this case. The truth is, the credit is all yours."

"I'm not a criminal."

"Who said you are?"

Ramy went silent. His green eyes turned red.

"Why, Ramy?"

"The hardest thing your eyes can witness... is the one you love, with someone else."

Arabic Text without Tashkeel

For a more authentic reading challenge, read the story without the aid of diacritics (tashkeel) and the parallel English translation.

القاتل الأشقر

"١١٢ طوارئ. مين معي؟ حدد مكانك."

"كيس... أسود... إيد... كيس... بالنهر... بيروت... أنا ببيروت..." وانقطع الخط.

نهر بيروت... بالزمانات كان إسمو نهر ماغوراس، من نبع العرعار ونبع حمانا للبحر. شو في هالمرة بنهر بيروت؟ بيروت معودة ع المشاكل، قليل كتير لتكون بفترة سلام مع حالا ومع اللي حواليا. بيروت الحب، كل يوم بتنجرح، وكل مرة بيكون جرحا أكبر من اللي قبلو، بس بيروت بتسامح وبتنسى. متل الإم قلبا علينا. بيروت بتجوع لتطعمينا، بيروت بتبرد لتدفينا. بيروت كبيرة، بس نحنا مش قد القيمة.

❖ ❖ ❖

من بعد هالاتصال الغريب، قررت فرقة من قوى الأمن الداخلي تنزل تشوف شو القصة بنهر بيروت. عالم مجتمعة حول كياس سودا، قرفانة، خيفانة، مصدومة. عبالن يعرفوا شو في بقلب الكياس، بس ما حدا عندو الجرأة يقرب أكتر ويفتح شي كيس.

"أهلا بالوطن!" قال زلمة كبير شوي بالعمر.

"إنت اللي دقيت للطوارئ؟" رد الدركي.

"لأ مش أنا. تفضل سيدنا. في كذا كيس مكبوبين هون بالنهر. ما عرفنا إلا لما بلشت تطوف المي علينا ع البيوت إنو في شي سادد مجرى النهر. نزلنا نشوف شو القصة فلقينا هالكياس."

"مين أول واحد نزل؟"

"أنا. من بعدا عيطت للجيران. بس ما حدا مسترجي يقرب. ريحة الكياس مقرفة. كإنا ريحة دم، لحم معفن، شي حيوان مقتول ومزتوت."

قرب الدركي صوب الكياس. رفع أول كيس، بينت من تحت الكيس الأول إيد. كان واضح إنا إيد زلمة. الله يستر! شو صاير؟ طلب الدركي من العالم يبعدوا. هون بلشت الفرقة كلا تفتش. فتحوا الكياس كلن، فين قطع.

لأ مش قطع كيك معفن، ولا قطع سيارات. فين قطع لإنسان. إنسان مقتول ومقطع. ولأ مش مبارح أو اليوم انقتل. الدركي كان أكيد إنو إلو أكتر من أسبوع بالنهر. بعدو الدركي محتار بدو يعرف مين اللي دق للطوارئ، بس قدام بشاعة الجريمة والمنظر اللي مرافقا، ما بقى همو يعرف غير مين هالمجرم السفاح اللي هالقد بلا ضمير وبلا إنسانية لتوصل معو يرتكب هيك جريمة.

شو هالزمن اللي وصلنالو؟ صارت الروح رخيصة. كنا نلوم أصحاب التارات ببعض المناطق اللبنانية ونسمين مجرمين. بس ع القليلة هن كانوا يقتلوا الشخص اللي قتل حدا من العيلة. ما كانوا يفتروا ع حدا بدون سبب. أما هلأ، كل يوم منسمع بجريمة وكإنا جزء عادي من يوميات اللبناني ولا كإنو في ولاد عم تتيتم وعيل عم تتشرد.

❖ ❖ ❖

سامر محقق نظيف ونزيه ومعروف إنو ما بيقبل رشاوى، كرمال هيك ما حدا بيحبو. لإنو ما بياخد مصاري مش من حقو وبيوزعا ع زملائو. وما بيقبل يسكر قضية قبل ما يصرف كل طاقتو عليها ويوصل لنتيجة. لهالسبب، قرر سامر يتطوع ليستلم القضية وطبعا الضابط قبل.

لما كان شاب، سامر كان عم يدرس بكلية الحقوق بالجامعة اللبنانية ببيروت. كان حلمو يصير محامي. لما صار تالت سنة، بي سامر توفى وما بقي حدا ليعيل إخواتو ويصرف علين. كرمال هيك سامر ترك الجامعة وتخلى عن حلمو لتقدر تعيش

العيلة بدون ما ينقصن شي. ووقتا فات بالدولة وأخد عهد ع حالو ما يقصر بوظيفتو لإنا كمان جزء من تطبيق القانون.

❖ ❖ ❖

"ليش ما بلغتي عن زوجك إنو مفقود؟" سأل سامر رنا، زوجة الضحية.

"كنا متخانقين وفل من البيت وما بقى رجع."

"ما جربتي تتصلي فيه بس لتعرفي وينو؟"

"فكرتو راح لعند أهلو."

"إلو ١٠ أيام عند أهلو ولا دقيتي ولا هو دقلك؟"

"قلتلك تخانقنا وضربني وفل من بعدا."

"وإبنك وين كان بهالوقت؟"

"إجا خيي أخدو لعند أهلي."

"شو هالصدفة؟!"

شي طبيعي تكون الشكوك الأولى عم تدور حول الزوجة. كيف يعني اختفى كل هالأيام وما دقلا ولا دقتلو ولا حتى حدا من أهلو دق؟ غريب!

قرر سامر يستجوب الجيران وأصدقاء الضحية المقربين. كل الجيران كان عندن نفس الجواب:

"الضحية وزوجتو تخانقوا من كذا يوم." الكل سمع أصواتن. وفل الزوج من البيت وما بقى حدا شافو.

أما رفقاة القتيل القراب، ما حدا فين بيعرف شو صاير. حسان ومروان وزياد من أكتر من أسبوعين مش شايفين رفيقن. حسان كان مسافر. مروان مشغول بولادو المريضين. وزياد خلفت مرتو بعد ما اختفى رفيقو بيوم. وتنيناتن. مروان وزياد زعلانين من القتيل لإنو ما سأل عنن كل هالفترة.

❖ ❖ ❖

رجع سامر عالبيت، مش قادر ينام. في شي مش مزبوط. في شي غامض مش معروف. في أدلة ناقصة. حدث حالو سامر:

"طيب، لنقول إنو رنا هي المجرمة، فا أكيد منا لحالا! مستحيل تكون قدرت تقتل زوجا وتقطعو كمان بدون مساعدة. بس الشي اللي مساعد رنا هو شهادة الجيران إنو الضحية ضهر عايش من البيت. قولك يا سامر أيمتى لحقت تقتلو؟ وتقطعو وترميه بالنهر؟! مستحيل صح؟ أو كانوا قالو الجيران إنن شافوها ضهرت من بعدو. ركز يا سامر! طيب والولد شو كان عم يعمل عند بيت جدو بهالوقت؟ شو هالصد... إف، مين عم يدقلي بنص الليل؟"

"ألو؟"

"ألو؟ المحقق سامر؟"

"نعم، مين معي؟"

"معك رامي، صديق المرحوم."

"تفضل إستاذ. كيف فيني ساعدك؟"

"ما بعرف إذا عرفتو المجرم أو بعد، بس أنا لازم قلك شي."

"تفضل، عم إسمعك."

"بدي إحكيك عن عماد خيا لرنا. آخر فترة قبل ما ينقتل صديقي حبيب قلبي، كان عماد كل يوم عم يجي لعند رنا. أنا كنت شوفو وصديقي كان يخبرني إنو بتمرق أيام كتير بيقضي كل النهار عندن بحجة إبن إختو وبيحبو. بس بعدين القصة زادت عن حدا وصرت كل ما دق لرنا يكون خطا مشغول مع خيا! ما بعرف شو كانوا عم يخططوا بس الأكيد إنو خطتن نجحت. هيدا غير المشاكل اللي كانت عم تصير بين رنا وزوجا. قالي رفيقي كذا مرة عن طلب رنا للطلاق. كترت المشاكل والهموم وكانت عم تسعى بكل قدراتا لتجبر رفيقي يطلقا بس هو ما كان عم

يقبل. فكرت كتير إنا تهرب وتاخد الولد بس ما معا مصاري كفاية. ما بعرف... بتمنى يكون حكيي مفيد بشي طريقة. بترجاك اعمل كل شي لتعرف القاتل اللي حرمني من صديقي." وبكي.

"أوكي تمام. أي شي جديد بتتذكروا دقلي شو ما كان الوقت."

"شكرا كتير لإنك سمعتلي، تصبح ع خير حضرة المحقق."

"وإنت بخير رامي."

هالاتصال كان كافي لتزيد الشكوك حول رنا. هون، بلشت الأمور توضح قدام عيون المحقق. رنا عندا الدافع (قتل مقابل تاخد مصاري وتهرب) وعندا الفرصة (وجودا هي والزوج وحدن بالبيت) وما عندا حجة غياب. وبنفس الوقت، بلش المحقق يشك بخي رنا. متل ما كان عم يقول قبل، رنا مستحيل تقدر ترتكب الجريمة لحالا، ع القليلة بدا حدا يساعدا بنقل الكياس. أكيد الأخ إلو إيد بالموضوع.

❖ ❖ ❖

"كم مرة قلتلك ما تغلي القهوة كتير؟ بتعرفيني بحب القشوة تبقى ع الوج." قال سامر لإختو.

"العالم بيقولوا صباح الخير بس يفيقوا. مش بينكدوا ع القهوة. اشكر ربك بعد فيك عم تشتري قهوة، غيرك بيحبا ومش قادر حتى يشم ريحتها."

"صباح الخير هيدي منقولا بس نفيق بسويسرا ع زقزقة العصافير أو بالمالديفز لما نفيق ع صوت الموج الهادي، مش بس نفيق ببيروت ع صوت الدكنجي عم يتخانق مع الخضرجي."

"والله يا خيي، بيروت بتسوى المالديف ومين فيا، وأحلى من سويسرا وعصافيرا. بس نحنا ما منعرف قيمة بيروت يا سامر. متل ما إنا ما عرفنا قيمة الماما لحد ما بطلنا نسمع صوتا بالبيت، كمان مش حنعرف قيمة بيروت إلا لنفل منا."

"شو بدك بهالحكي هلأ يا إختي. أنا بدي إمشي، لفيتيلي عروسة زعتر وزيت لآخدا معي ع الشغل؟"

"لفيتلك بدل العروسة تنين، ومعن عروسة لبنة كمان."

"يسلم إيديكي يا أحلى إخت بالدنيا!"

"موفق يا خيي، انتبه ع حالك."

وصل سامر ع المكتب وراسو مش رايق.

"بدي تاريخ الاتصالات اللي صارت ع تلفون رنا مع خيا عماد... بأسرع وقت." أمر سامر العنصر المساعد.

"أمرك سيدنا. أي خدمة تانية؟"

"عماد. بدي عماد خي رنا... اليوم... بغرفة التحقيق."

❖ ❖ ❖

"وين كنت ليلة الجريمة؟"

"بالبيت... بالبيت... " بكي عماد.

"ليش أخدت إبن إختك معك؟"

"هي اتصلت وقالتلي متخانقة مع زوجا، إجي آخد الولد ل ما يسمع المشكل."

"قصدك ل ما يشوف الجريمة البشعة اللي ارتكبتا إنت وإختك."

"سيدنا، وحياتك كنت بالبيت."

"شو هالصدفة؟ ليلة اللي انقتل صهرك كنت إنت آخد إبنو لعند أهلك وإنت عارف إنو أهلك مش بالبيت. كانو عند إختك، صح؟"

"صح..."

"يعني حجة غيابك هيدي مش موثوقة ولا صالحة ولا حدا من أهلك فيه يدعما... كذب."

"سيدنا، مش عم كذب. كنت أنا والصبي بالبيت."

"إختك كانت عم تخطط تهرب وتاخد إبنا؟"

"نعم. إختي بدا تتطلق بس زوجا ما كان يقبل. حتى نحنا كأهلا مش قبلانين."

"ليش؟ إنتو شو دخلكن؟"

"ما دخلنا، بس زوجا بيحبا وعم يسعى يحافظ ع البيت. بينما هي... هي..."

"هي شو؟! جاوب! هي شو؟!"

"هي بتحب حدا تاني."

نصدم سامر. هالخبرية رجعت ذكريات كتير بشعة بعقلو. حس متل حدا شكو سكينة بقلبو. ضربت جملة عماد ع وجع سامر بالضبط.

❖ ❖ ❖

كانوا بالجامعة، هو طويل كتير وهي قصيرة. شعرو أشقر وشعرا أسود متل الليل. عيونو سود وعيونا خضر. شفافا مليانين حب وسمارا قدر يسحر نص شباب الجامعة. سامر حبا كتير، ويارا حبتو كمان. متل طيور الحب كل يوم يجوا سوا ع الجامعة، يقعدوا سوا، ياكلوا ويشربوا ويتمشوا مع بعض. الكل كان أكيد إنن حيتزوجوا. وفعلا هيدا اللي كان حيصير لو ما نفصلوا.

سامر ترك الجامعة وفات بالأمن الداخلي ليساعد أهلو. ويارا تخرجت وصارت محامية قوية كتير. بقيوا سوا لحد ما فات القاضي بيناتن. يارا خانت سامر.

يارا ما قدرت تتقبل سامر بدون شهادة من الجامعة، ولا قدرت تتقبل يكون معا مصاري أكتر من سامر. سامر كان قادر يضهرا مشوار واحد بالشهر، بس القاضي كان يضهرا كل يوم. يارا تركت سامر مجروح، مكسور، محطم، ومضايق كتير. كل مشاعر العالم البشعة والمؤذية جتمعت بقلب سامر.

"يارا، بطلتي تحبيني؟"

"بحبك، بس بحب تكون جيبتي مرتاحة أكتر."

هيدي الجملة صداها بعدو عم يرن ع سمع سامر. مستحيل ينسى يارا، مستحيل ينسى ليش فلت يارا.

❖   ❖   ❖

"بتعرف مين إختك بتحب؟"

"لأ. ما بعرف إلا إنا بتحب حدا غير زوجا."

"سجل اتصالات إختك بيقول إنكن آخر فترة كنتوا كتير عم تتواصلوا مع بعض. شو تفسيرك؟"

"صحيح، عيد ميلاد زوجا كان بعد كم يوم، فا قترحت عليا نعملو مفاجأة ع أمل تصلح العلاقة معو."

"وهي شو كان رأيا؟"

"وافقت."

"وافقت مع إنا ما بتحبه وفي مشاكل بيناتن. ليش قولك؟"

ما جاوب. طبعا لإنو ما عندو القدرات التحليلية تبع المحقق.

فكر سامر كتير، وهون بلش يتأكد إنو رنا هي المجرمة. بس إذا مش خيا اللي ساعدا، مين ساعدا؟

أصدر النايب العام مذكرة تفتيش لبيت رنا وهون كان راس الخيط. سامر إجى وأشرف بنفسو ع عملية التفتيش. لقوا سلاح الجريمة. أو بالأحرى سلاحين، حبلة طويلة وعريضة وسكينة عليا دم. ما كان القصة بدا تحليل أكتر. ألقوا القبض على رنا وأخدوا أسلحة الجريمة ع المختبر لتنفحص البصمات. مش رنا. مش عماد. البصمات كانت لشخص تالت بعدو مجهول.

❖ ❖ ❖

"رنا، ما بقى تعذبيلي قلبي أكتر من هيك. مع مين شتركتي بالجريمة؟"

"مش أنا... مش أنا قتلتو... قتلو ما كان فكرتي..."

"فكرة مين لكان؟ احكي."

"ما.. ما حدا."

"رنا، إنتي وعم تجربي تنقذي حالك، ورطتي عماد معك بقصة عيد الميلاد الكذابة تبعك. رنا، مين تاني متورط؟"

"ما حدا. مش أنا!" بكيت رنا.

"يا عسكري..." صرخ سامر "جبلي عماد."

"لأ لأ، ما تعملو شي. هو ما دخلو."

"مين دخلو يا رنا؟ جاوبي!" وعيون سامر متل النار.

"مش رح إحكي كلمة زيادة بلا محامي."

عصب سامر. أكيد مش رح يقعد ينطر المحكمة توكل محامي لرنا. في مجرم طليق برا عم يتجول بين الناس، وسامر أخد ع عاتقو يلقط هالمجرم ويحرص ع تقديمو للقانون.

سامر بدو يعرف مين قدر يفوت ع بيت الضحية ويحط أسلحة الجريمة هونيك. جرب يربط الأحداث ببعضا من اليوم الأول لليوم. فكر سامر:

"رنا اليوم قالت القتل مش فكرتا، يعني في حدا تاني القتل فكرتو. رنا عم تخون زوجا، يعني الاحتمال الأكبر إنو القاتل عشيقا طالما مش خيا. بس مين عشيقا يا سامر؟ لنرجع بالزمن لورا، لأول يوم بعد ما لقينا الجثة. تصل فيني صديق الضحية حتى يجرب يعطي شهادتو. شو كان إسمو يا سامر؟ ...

رامي! كان إسمو رامي. بيعرف تفاصيل كتير عن حياة الزوجين."

❖ ❖ ❖

قرر سامر يروح ع الحي اللي كان عايش فيه القتيل.

صار يدور بين نسوان الحي اللي كل يوم بيعملوا صبحية وعصرونية ببيت وحدة فين. معروفين النسوان الكبار بلبنان، مجرد ما يصير عمر الوحدة أكتر من ٤٠، بتبلش توقف صبح وضهر وعشية ع البرندا عم تراقب الرايح والجاي. بتبقى قاعدة بالبيت عم تشتغل، تطبخ، تكنس، تشطف، تدرس الولاد، مش مهم! المهم إنو إذا سمعت نملة عم تطلع ع درج البناية، بتقوم بتوقف ع الناضور وبتراقبا لوين بدا تروح.

سامر عرف حالو شو عمل. سأل عن الجارة اللي قاعدة بوج بيت رنا.

"مرحبا ست صباح، كيفك اليوم؟"

"أهلا يا إبني، بخير نشكر الله. إنت كيفك؟"

"بس شفتك صرت منيح."

"تسلم يا إبني."

"ست صباح، جاي إسألك كم سؤال عن جارتك رنا."

"تفضل يا ماما."

هيك النسوان الكبار بيحكوا بلبنان. عارفين حالن إمياتنا كلنا، مناخد منن الخبرة بالحياة والنصايح والأمثال الشعبية، والأكل الطيب كمان.

رنت كلمة "يا ماما" ع مسمع سامر، تذكر إمو، حبيبتو الأولى، حنانا، طيبة قلبا، أكلا، ريحة القهوة من تحت إيديا وتحسر ع هيديك الأيام.

"ستنا، بتعرفي مين كان يزور جارك أكتر شي؟"

"والله يا إبني، هالزلمة كان يرجع مأخر من شغلو كل يوم، وما كان حدا يزورو إلا بالعطلة. السبت كانوا يجوا أهلو، والأحد يضهر هو وعيلتو."

"ولا مرة شفتي حدا غير أهلو عم يدق ع الباب؟"

"مبلى، كان في شخص يجي كل يومين لما يكون الصبي بالمدرسة. كانت تقلي رنا إنو هيدا خيا بيجي بيطل عليا وع الولد لما يكون مارق من حد البيت."

"كيف كان يجي يطل ع الولد إذا الولد بالمدرسة؟"

"ما بعرف يا إمي، ولا مرة فكرت بالموضوع. كيف قهوتك؟ سادة، حلوة أو وسط؟"

"شو مبينلك ع وجي يا إمي؟ قهوتي كيف؟"

"سادة مع إنو وجك حلو، وصوتك إنت وعم تقول يا إمي أحلى."

"بتعرفي شكلو لخيا كيف؟"

"طويل كتير، أشقراني عيونو زرق متل الفيروز، وشفافو لونن توتي من كتر التدخين. ضهرو حاني، ومبين عليه الهم آكلو من راسو لكعب إجرو. عندو حسونة ع رقبتو. شو حسونة؟ عندو شي ١٠٠ حسونة، ما بيشبه رنا أبدا، وإذا شفتو ما بتضيع."

هيدي مش مواصفات عماد. عماد أشقراني بس عيونو بنيات ومربوع مش كتير طويل.

❖ ❖ ❖

هون عرف سامر شو لازم يعمل.

رجع ع المكتب، طلب سجل اتصالات رنا من أول وجديد، بس هالمرة طلبو كامل مش محدد ع رقم عماد. لاحظ سامر وجود رقم تاني كانت رنا عم تتواصل معو كتير. هالرقم مش غريب عليه. سامر حمل تلفونو عشان يتأكد إذا شايف الرقم. ما نصدم، الرقم المتكرر كتير هو رقم رامي، صديق الزوج... أو يمكن عشيق رنا!

❖ ❖ ❖

صار سامر يتذكر شو حكى رامي وقت دقلو. نتبه لتفصيل ما كان شايفو من قبل. خبط سامر ع راسو وقال: "كيف فيك تكون غبي هالقد؟ كيف قدر يضحك عليك

ويخليك عم تبرم بأرضك؟ لأ وبيقلك مش عارف إذا نكمش المجرم مع إنو يمكن يكون هو المجرم!"

تذكر سامر إنو رامي بيعرف كتير تفاصيل عن حياة رنا وزوجا، وإنو قال إنو كان كل ما يدقلا يلاقيا عم تحكي مع خيا. ليش حدا بدو يدق لمرت رفيقو هالقد؟ وقال إنو كان يشوف خيا كل ما يجي يزورن، بس الجارة قالت إنو الزوج ما كان يرجع ع البيت إلا لوقت مأخر، ولحتى تقدر توصفو بهالطريقة الدقيقة، أكيد كانت تشوفو بالنهار. وكمان وقت طلبنا شهادة رفقاة القتيل، هو ما كان موجود! رامي ما إجى، لو إجى كانوا حيعرفوه الرفقا الحقيقيين وكان نفضح.

ما بقى في محل للشك. سامر مأكد إنو إحساسو بمحلو. رامي هو العشيق المجرم بس بحاجة لدليل يدعم هالإحساس.

❖ ❖ ❖

"إنت أكيد من طلبك يا سامر؟"

"نعم حضرة النايب العام."

أصدر النايب العام تعميم قال فيه عن توقيف التحقيق بالجريمة لمدة يومين من التلاتا. رنا بريئة لحد هلأ وقاعدة عند أهلا، والبحث عن البصمات ببيت الضحية حيكفي يوم الخميس. بهاليومين، حيرتاحوا المحققين ويرجعوا يكفوا الخميس. سامر كان أكيد إنو المجرم مين ما كان، متابع القضية بحذافيرا. يعني رح يعرف بالتعميم ورح يتحرك بهاليومين ليمحي بصماتو من بيت الضحية. ما قبل سامر يترك المراقبة للعناصر اللي تحت إيدو. سامر من النوع اللي ما بيحكي، يعني ما بيطلب من العناصر ينتبهوا ع شي. بالعكس، بيفضل يكون هو موجود وهو ينتبه، ع قول المتل اللبناني: "اتعب حالك ولا تتعب لسانك."

ما أخد معو زوادة كبيرة، كان عارف إنو المجرم رح يتحرك بسرعة ومش رح ينطر يومين.

مع إنو طالعة ع بالو كتير، قرر ما ياخد سيجارة عشان ما حدا ينتبهلو بالعتمة.

❖ ❖ ❖

الساعة ٢ الصبح، ما في إلا سامر، ضو القمر بنص الشهر، وبسينة بيضا وسودا مسطحة عم تنضف بحالا ع سيارة ع جنب الطريق. لمح سامر حدا طويل ولمعة بتشبه ضو الشمس قطعت من تحت لمبة الشارع. عرف سامر اللمعة المميزة، لمعة شقار. هيدا رامي! سامر حسم بس لازم يلقطو بالجرم المشهود.

طلع رامي ع الدرج، شوي شوي، درجة درجة، نعجب سامر بخفة إجر رامي، ما طلع ولا صوت هو وطالع.

وصل رامي ع باب بيت عشيقتو. كان معو مفتاح. بكل سهولة فتح الباب وقرب ليفوت قبل ما يحس بحرارة جسم إنسان ورا ضهرو.

"كنت مفكر كل المجرمين أذكيا."

"مين... مين إنت؟"

"مش قادر أعطي الفضل بحل الجريمة لحالي، لإنو الواقع غير هيك. الفضل كلو إلك."

"أنا مش مجرم."

"مين قال إنك مجرم؟"

سكت رامي والعيون الخضر تحولوا لحمر.

"ليش يا رامي؟"

"أصعب مشهد عينك بتشوفو، هو حبك مع حدا تاني."

القاتِل الأشْقر | **54**

Comprehension Questions

1. شو طِلِع مِن مُكالْمِةْ الطّوارِئ الأوْلي؟
2. كيف اكْتشفوا الجِثّة؟
3. شو كان دوْر سامِر بِالقضِيِّة؟
4. ليْش سامِر تْطوّع يِسْتِلِم القضِيِّة؟
5. شو كانِت قِصِّةْ سامِر مع يارا؟
6. ليْش تركِت يارا سامِر؟
7. مين كانِت أوّل مُشْتبه فِيا؟
8. شو كان عِذِر رنا لعدم التِّبْليغ عن زَوْجا؟
9. كيف صار سامِر يْشِكّ بِرامي؟
10. شو كانِت علاقِةْ رامي بِالضّحِية؟
11. شو عِمْلِت السِّتّ صباح بِمُساعدِةْ التِّحْقيق؟
12. مين كان يْزور رنا بِالنّْهار؟
13. كيف كان شكْل الشّخْص يَلّي كان يْزور رنا؟
14. شو كانِت خِطِّةْ سامِر ليِمْسُك المِجْرِم؟
15. شو كان السّبب الحقيقي وَرا الجريمِة؟
16. كيف صار سامِر يْشِكّ بِرنا؟
17. وين لاقوا أسْلِحِةْ الجريمِة؟
18. شو كانِت نتيجِةْ فحْص البصْمات؟
19. ليْش سامِر طلب يْوقّْفوا التِّحْقيق ليومينْ؟
20. كيف تمّ القبْض على المِجْرِم؟

1. What was revealed in the first emergency call?
2. How was the body discovered?
3. What was Samer's role in the case?
4. Why did Samer volunteer for the case?
5. What was Samer's story with Yara?
6. Why did Yara leave Samer?
7. Who was the first suspect?
8. What was Rana's excuse for not reporting her husband missing?
9. How did Samer start suspecting Ramy?
10. What was Ramy's relationship to the victim?
11. How did Mrs. Sabah help with the investigation?
12. Who used to visit Rana during the day?
13. What were the physical characteristics of the person visiting Rana?
14. What was Samer's plan to catch the criminal?
15. What was the real reason behind the crime?
16. How did Samer start suspecting Rana?
17. Where were the murder weapons found?
18. What were the results of the fingerprint analysis?
19. Why did Samer request a two-day pause in the investigation?
20. How was the criminal caught?

Answers to the Comprehension Questions

1. كيس أسْود وإيد بِالنّهر بِبيْروت.
2. الميّ طافِت على بْيوت النّاس بِسبب الكْياس السّود يَلّي سدِّت النّهِر.
3. كان المْحقِّق المسْؤول عن القضِيِّة.
4. لأنّو كان معْروف إنّو نزيه وما بْياخُد رشاوي.
5. تعرّف عْلَيا بِالجامْعة وحبّوا بعض، بسّ اضْطرّ يِترْك الجامْعة ليْساعِد أهْلو.
6. لأنّو ما كان عِنْدو شْهادِة جامْعِيّة وما كان معو مصاري كْفايِة.
7. رنا، زَوْجِةْ الضّحية.
8. قالِت إنُّن تْخانقوا وفلّ مِن البيْت وما رِجِع.
9. من خلال التّفاصيل يَلّي عطاها بِالمْكالْمِة وكِترْةْ إتِّصالاتو بِرنا.
10. كان صديق للضّحِية بسّ طِلِع إنّو عشيق رنا.
11. وصفِت الشّخْص يَلّي كان يْزور رنا.
12. شخْص أشْقر طويل، كان يْقولوا إنّو خيّ رنا.
13. طويل، عْيونو زرِق، شعْرو أشْقر، وعِنْدو وحْمات كْتير.
14. نشر خبر إنّو التّحْقيق مْوقّف ليومين ليجْذُب المجْرِم.
15. رامي كان بْيِحِبّ رنا وما قِدِر يِتْحمّل إنّا مع غيْرو.
16. من تناقُض أقْوالا وقِصِّةْ خيّا.
17. بِبيْت رنا.
18. البصْمات كانِت لشخِص تالِت، مِش رنا ولا خيّا.
19. ليخلّي المِجْرِم يِتْحرّك ويْحاوِل يمْحي البصْمات.
20. مسكو وهُوِّ عم يْحاوِل يْفوت على بيْت رنا.

1. A black bag and a hand in Beirut River.
2. Water flooded homes due to black bags blocking the river.
3. He was the lead investigator on the case.
4. Because he was known for his integrity and not taking bribes.
5. He met her at university and they fell in love, but he had to leave university to help his family.
6. Because he didn't have a university degree and didn't have enough money.
7. Rana, the victim's wife.
8. She said they had a fight and he left home and never returned.
9. Through the details he provided in his call and his frequent calls to Rana.
10. He was the victim's friend but turned out to be Rana's lover.
11. She described the person who used to visit Rana.
12. A tall blond man who they said was Rana's brother.
13. Tall, blue eyes, blond hair, and had many birthmarks.
14. He announced a two-day investigation pause to draw out the criminal.
15. Ramy was in love with Rana and couldn't bear her being with someone else.
16. From the contradictions in her statements and her brother's story.
17. In Rana's house.
18. The fingerprints belonged to a third person, not Rana or her brother.
19. To make the criminal move and try to erase fingerprints.
20. He was caught trying to enter Rana's house.

Summary

Read the scrambled summary of the story below. Write the correct number (1–10) in the blank next to each event to show the proper sequence.

___ السِّتّ صباح وصفِت الشّخص اللّي كان يْزور رنا.

___ فحْص البصْمات بيّن إنّا مِش لرنا ولا لخيّا.

___ تِليفون طارِئ عن كيس أسْوَد وإيد بِنهِر بيرْوت.

___ شكّوا بْرنا، زَوْجِةْ القتيل، بعْد ما قالِت إنّو زَوْجا فلّ بعْد خْناقة.

___ سامِر اكْتشف كتِرْةْ إتِّصالات بيْن رنا ورامي.

___ إكْتِشاف جِتّة مْقطّعة بِالنّهر بعْد ما طافِت الميّ على البْيوت.

___ سامِر المْحقِّق النّزيه اسْتلم القضِيّة.

___ لاقوا سْلاح الجريمة بِبيْت رنا بسّ البصْمات لشخِص تالِت.

___ دقّ رامي، صديق القتيل، وأعْطى معْلومات عن رنا وخيّا.

___ سامِر نشر خبر وقْف التِّحْقيق ومْسِك رامي وهُوِّ فايِت على بيْت رنا.

Key to the Summary

6   Mrs. Sabah described the person who visited Rana.

9   Fingerprint analysis showed they weren't Rana's or her brother's.

1   Emergency call about a black bag and hand in Beirut River.

4   Suspicion fell on Rana, victim's wife, after she said husband left after fight.

8   Samer discovered frequent calls between Rana and Ramy.

2   Discovery of dismembered body in river after homes flooded.

3   Samer, the honest investigator, took over the case.

7   Murder weapons found in Rana's house but fingerprints belonged to third person.

5   Ramy, victim's friend, called with information about Rana and her brother.

10 Samer announced investigation pause and caught Ramy entering Rana's house.

Levantine Arabic Readers Series

www.lingualism.com/lar

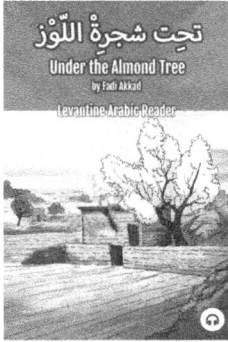

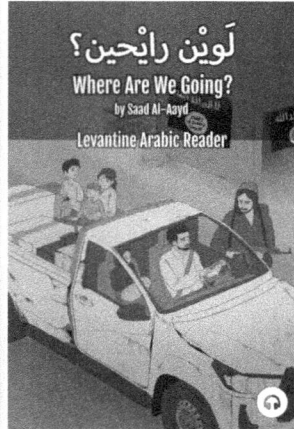

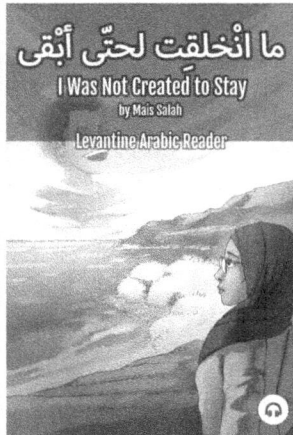

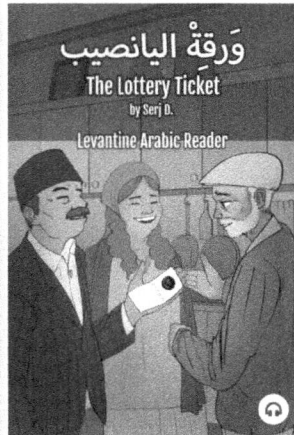

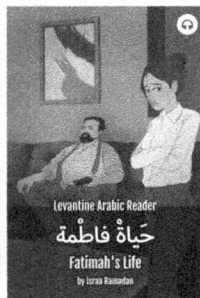

تَحِت شجرةِ اللّوْز
Under the Almond Tree
by Fadi Akkad
Levantine Arabic Reader

البتْرا
Petra
by Raed Bader
Levantine Arabic Reader

قدّيْش حقّ السمك؟
How Much Is the Fish?

خليل و الأكوان المتعدّدة
Khalil and the Multiverse

عمّي العزيز جاسم
Dear Uncle Jassem

شابّ طموح
An Ambitious Young Man

القاتل الأشقر
The Blond Killer

بسّينات بيروت
The Cats of Beirut

Levantine Arabic Reader
اللي بيزْرع بيحْصُد
Where There's a Will
by Ahmed Younis

ما انْخلقِت لحتّى أبْقى
I Was Not Created to Stay
by Mais Salah
Levantine Arabic Reader

جرّةُ الفلّاح
The Farmer's Jar
by Mona Noureddine
Levantine Arabic Reader

رجْعةِ المدارِس
Back to School
by Raed Bader
Levantine Arabic Reader

لوَيْن رايْحين؟
Where Are We Going?
by Saad Al-Aayd
Levantine Arabic Reader

وَرقةِ اليانصيب
The Lottery Ticket
by Serj D.
Levantine Arabic Reader

Levantine Arabic Reader
حَياةُ فاطْمة
Fatimah's Life
by Israa Ramadan

www.ingramcontent.com/pod-product-compliance
Lightning Source LLC
Chambersburg PA
CBHW072053040426
42447CB00012BB/3111

* 9 7 8 1 9 4 9 6 5 0 5 3 2 *